LA POMPE FVNEBRE

DE

MR SCARON.

A PARIS,

Chez IEAN RIBOV, sur le Quay
des Augustins, à l'Image S. Louis.

M. DC. LX.

AVEC PRIVILEGE DV ROY.

A MONSIEVR

LE

MARQVIS DE **

ONSIEVR,

Quoy que vous m'ayez fou_
uent voulu perfuader que i'e_
ftois heureux dans mes imagina_
tions, & que i'auois vn efprit af_
fez propre pour inuenter, vous
deuez neantmoins tomber d'accord que les chofes dont ie vous
vais entretenir font de pures ref-

ueries ; puis qu'en effect, ce n'eſt
qu'vn ſonge que ie vous vais
d'eſcrire. Trouuez bon toute-
fois, qu'auant de commencer ie
vous rafraiſchiſſe la memoire, de
l'entretien que i'eus auec vous
cinq ou ſix iours apres la mort
de Monſieur Scaron. Vous vous
reſſouuiendrez donc, Monſieur,
que vous me vouluſtes engager
à faire ſa Pompe funebre, & que
ie vous dis que feu Monſieur
Sarraſin, auoit autrefois fait celle de Voiture ; & qu'ainſi l'on
n'en deuoit pas entreprendre
vne autre, que plus d'vn ſiecle
apres la mort de Monſieur Sarraſin, ſi l'on pretendoit trauail-
ler auec ſuccez ; puiſque dés-
lors que les François voyoient
qu'vne Piece portoit le tiltre
d'vne autre qui auoit deſia réüſ-
ſi, ils diſoient auant que de la

voir , *que c'estoit vne imitation, que
l'on s'estoit seruy de l'Ouurage d'vn
tel.... qu'ils sçauoient bien ce que
c'estoit , & qu'ainsi ils n'auoient que
faire de la lire.* I'adjoustay à cela,
que c'estoit là la maniere dont
ñous nous traittions les vns les
autres , encore que bien souuent
nos Pieces n'euslent rien de semblables à celles qui portoient le
mesme nom. Vous me dites là
deslus que ie m'allarmois à tort,
que le tiltre ne seroit pas sembla-
ble , puis qu'il y auoit Voiture à
l'vn , & qu'il y auroit Scaron à
l'autre : & que l'on iugeroit à la
difference des noms, qu'il y en
deuroit auoir beaucoup dans les
Ouurages : Enfin vous fistes tant
par vos persuasions, que ie m'en
retourné chez moy dans la pen-
sée de vous satisfaire. I'y resué
tout le soir, & n'ayant rien trou-

ué qui me satisfist, ie ne fus pas plutost couché que i'inuoqué le Dieu des Songes, de me faire voir en dormant ce que ie vous auois promis de vous d'escrire. Il ne manqua pas d'exaucer ma priere, & me fist voir tant de choses, que ie ne pouray qu'à peine m'en ressouuenir ; c'est pourquoy ie vais commencer sans tarder dauantage, de crainte que ma memoire ne me joüe vn mauuais tour.

Il me fist d'abord trouuer dans la chambre où Monsieur Scaron estoit malade. Il y auoit vn Notaire auec luy, vn Deputé de la Noblesse spirituelle & galante, qui s'alloit souuent diuertir chez luy, vn autre des Comediens, & vn des Libraires qui auoient accoustumé d'imprimer ses Ouurages.

D'abord que ie fus entré dans
fa chambre, i'entendis ces paro-
les que le Deputé des Comediens difoit à Monfieur Scaron.
Puifque vous defirez, Monfieur, de
faire vn Teftament, vueillez de grace
eflire vn fucceffeur auant que de mourir
qui nous puiffe faire autant gagner par
fes Pieces de Theatre, que vous auez
fait par les voftres. Ie fçay bien qu'il
ne réuffira pas fi bien que vous ; mais
ie ne doute pas que l'on approuue fes
Ouurages, quand on fçaura que vous
l'aurez eftimé iufqu'au point de l'eflire
pour voftre fucceffeur. Il n'eut pas
pluftoft finy ce difcours, que le
Libraire dit, *qu'il le coniuroit par*
les mefmes raifons d'accorder vn fuc-
ceffeur à fes vœux & à ceux de tous fes
Confreres. Le Deputé de la No-
bleffe dit enfuite, *que les plus ga-*
lands de cette Ville ne fçauroient plus
ou s'aller diuertir les iours qu'ils au-

roient esté maltraittez de leurs maistresses, ou qu'ils se sentiroient plus chagrins qu'à l'ordinaire. Monsieur
Scaron leur dit, apres les auoir
escoutez, *qu'il desiroit les contenter,*
& qu'ils luy proposassent ceux qu'ils
iugeoient dignes de luy succeder ; afin
qu'il pût voir sur lequel il arresteroit
son choix. Le Deputé des Comediens luy proposa Monsieur Quinaut, & l'assura que s'il vouloit
s'attacher au Comique, il y
réüssiroit tout à fait bien, & que
ses Riualles en faisoient foy. Le
Libraire s'opposa vigoureusement à ce choix, & dit, *que veri*
tablement Monsieur Quinaut auoit de
l'esprit, & qu'il auoit trouué l'art de
réussir au Theatre ; mais qu'il n'auoit
pas encore trouué celuy de réussir au
Palais. Il proposa ensuitte Monsieur Corneille le jeune, alleguant que son *Dom Bertrand,* son

Amour à la mode, & *son Iodelet Prin-*
ce , eſtoient des chef-d'œuures
comiques. Le Deputé des Comediens, demeura d'accord que
ſes Pieces eſtoient admirables;
mais il dit , *qu'elles couſtoient trop*
cher aux Comediens, & *qu'ainſi ils le*
prioient de ne le point eſlire. Le Libraire luy repliqua , *qu'il gaignoit*
plus a des Ouurages qui luy couſtoient
cher & *qu'il vendoit bien* , *qu'à d'autres*
qui luy couſtoient peu , & *qui tenoient*
ſi bien dans ſa Boutique , *qu'ils n'en*
pouuoient iamais ſortir. Apres qu'ils
eurent quelque temps diſputé ,
celuy qui eſtoit de la part de la
Nobleſſe , propoſa Monſieur
Deſmarets, Autheur de ce chef-
d'œuure incomparable que nous
voyons tous les iours repreſen-
ter ſous le tiltre des Viſionnai-
res. Monſieur Scaron eſtoit ſur
le point de le choiſir , quand il

se reſſouuinſt qu'il ne trauailloit plus pour le Theatre , il y auoit deſia long-temps. Molier fut enſuitte mis ſur le tapis ; parce que les Libraires auoient gagné à ſes Pretieuſes ; mais Monſieur Scaron le refuſa tout net , diſant que c'eſtoit vn bouffon trop ſerieux; c'eſt pourquoy il pria ces Meſſieurs de luy en propoſer quelqu'autre. Le Deputé de la Nobleſſe s'eſcria auſſi-toſt , *à la fin i'ay trouué l'illuſtre qui vous doit ſucceder. C'eſt vn homme qui ſçait tous les tours & les détours du Parnaſſe , qui parle auſſi bien qu'il eſcrit , qui ſçait agreablement entretenir vne compagnie , & qui apres vous , peut ſe vanter d'eſtre l'incomparable en matiere de Satyre galante : enfin c'eſt le fameux Monſieur de Bois-robert.* Tous s'eſcrierent, *qu'il auoit raiſon :* & Scaron demeura d'accord d'en faire

fon fucceſſeur. Apres cela nous
fortiſmes tous, & nous le laiſſaſ-
mes feul auec le Notaire. Les autres fortirent du logis : Pour moy
i'entré dans vne chambre que ie
trouué ouuerte, & comme ie me
fus quelque temps amuſé à re-
paſſer dans mon eſprit les choſes
que ie venois de voir, i'entendis
vn grand bruit. Les vns crioient,
Helas ! que feray-ie, mon pauure
Maiſtre vient de mourir. Les autres
diſoient, *quoy, Monſieur Scaron eſt*
donc mort ? & les derniers adjoû-
toient, *c'eſt grand dommage ; car il*
pouuoit encor viure long-temps. Ie fus
plus d'vne heure à entendre ces
diſcours, & d'autres ſemblables,
que tenoient ceux qui entroient
dans le logis : & qui malgré ma
douleur, me faiſoient rire auec
plus d'éclat que ie ne voulois :
car ie craignois d'eſtre maltrait-

té, si ces gens qui fondoient en larmes, m'eussent apperceu rire au milieu d'eux.

Apres que leur douleur se fut vn peu appaisée, ie vis entrer vn Galand fort bien fait, qui auoit l'espée au costé, & qui menoit vne Dame, qui me parût d'vne beauté extraordinaire. Ces deux personnes estoient accōpagnées d'vn homme de longue robbe, qui paroissoit à la mine estre fort seuere. Ie m'enquis d'vn des domestiques que ie trouué prés de moy, quels gens c'estoient là : Il me répondit, *qu'ils venoient pour reigler les rangs de ceux qui deuoient aller à la Pompe funebre de son Maistre. Comment*, luy repartis-ie, *pour regler les rangs. Quoy vous ignorez donc*, ce dit-il, *que mon Maistre auant que de mourir ; iugeant bien que les Autheurs qui l'accompagneroient*

iusques

iufques au lieu de fa fepulture fe pouroient quereller pour le pas , & crai-
gnant qu'il n'arriuaft du defordre , &
que par quelques coups de poing les
Autheurs ne perdiffent leur grauité, il
a ordonné qu'ils viendroient auant la
ceremonie dire leurs noms à ces trois
perfonnes , & ceux de leurs Ouurages ;
afin qu'elles ordonnaffent apres du Rang
que felon leur merite ils deuoient tenir.
Quand il eut acheué de parler, ie luy demandé s'il ne fçauoit
point la raifon pourquoy il auoit
choifi ces trois perfonnes ? il me
refpondit qu'ouy , & que l'homme de
robbe que i'auois veu , eftoit vne des
perfonnes du monde qui entendoit le
mieux les langues Latine , Grecque,
& Italienne , & qu'il deuoit ordonner
du rang des Traducteurs. Que l'autre
eftoit vn homme , qui depuis vingt an-
nées eftoit Lieutenant General dans les
armées du Roy , & qui entendoit tout

à fait bien l'art militaire, & que ce-
luy-là deuoit aussi ordonner du rang de
ceux qui en parloient dans leurs Ouurages : Comme dans les Poëmes Epiques, Romans, Comedies, & autres :
& que comme ces choses estoient entre-
meslées d'amour, & qu'il n'y auoit per-
sonne qui pût mieux iuger que les fem-
mes de la delicatesse de cette passion, il
deuoit auant que de donner sa voix,
consulter auecque celle que i'auois veu
entrer auec eux, pour sçauoir ceux qui
auoient bien réussi en ce genre. Cette
idée me parût si plaisante, que
ie reconnus bien que Scaron,
auoit tousiours esté luy-mesme
iusques au moment de son tres-
pas. Ie quittay aussi-tost mon
homme, que ie remerciay de la
peine qu'il auoit prise à me raconter toutes ces choses : & ie
me coulay parmy les Autheurs,
qui entroient dans la chambre

où l'on deuoit ordonner de leurs rangs.

Ie n'y fus pas pluftoft entré, que ie me caché en vn coin où ie ne pouuois eftre apperceu, quoy que ie fuffe vis à vis d'vne table, deuant laquelle les trois Iuges eftoient affis chacun dans vn fauteüil : & ie ne fus pas pluftoft à ma place, que Monfieur Chapelain prit la parolè, & dit, *Ie croy qu'il n'eft pas neceffaire, ò tres-equitables Iuges, que ie vous allegue beaucoup de raifons pour vous pouffer à m'accorder le premier rang à la Pompe funebre de Monfieur Scaron, & ie croy n'auoir plus rien à dire, quand ie vous auray fait reffouuenir que ie fuis l'Autheur de la Pucelle. Vous fçauez combien i'ay efté de temps à compofer cét Ouurage, & que malgré les enuieux ce Poëme n'a pas laiffé que de m'acquerir le nom de Virgile François.*

Et quoy ? luy repliqua Monſieur de Scudery , *croyez-vous que pour auoir eſté vingt ans à faire la Pucelle, elle ſoit meilleure qu' Alaric, bien qu'il ne m'ait couſté qu'vne année.* Ce n'eſt pas par la longueur du temps qu'ils ont couſté que nous deuons iuger des Ouurages, repartiſt Monſieur Deſmarets, *& ie croy que mon Clouis eſt du moins auſſi bon que les voſtres, & merite peut-eſtre le premier rang.* Le premier rang , repartit le Pere le Moine, *il faudroit que ie n'euſſe pas fait Saint Louis. Et moy Moyſe ſauué,* dit Monſieur de Saint Amant, en l'interrompant. Les Iuges prirent alors la parole, & luy dirent, *que Moyſe ſauué n'eſtant point vn Poëme Epique , il ne deuoit pas pretendre d'aller de paire auec ceux qui en auoient fait ; bien que ſes vers fuſſent peut-eſtre auſſi beaux.* I'entendois pendant ce temps Monſieur

Teſtu, qui diſoit bas à vn de ſes amis. *Ah! que mon Poëme de Iudic, n'eſt-il acheué, ie ſerois aſſuré de l'emporter auiourd'huy pardeſſus tous ces Meſſieurs.* Dés que les Iuges eurent acheué de parler à Monſieur de Saint Amant, cinq ou ſix Autheurs prirent la parole en meſme temps , ce qui fut cauſe qu'ils leurs dirent *qu'ils les alloient eſcouter , pourueu qu'ils parlaſſent les vns apres les autres.* Et apres leur auoir fait cette promeſſe, ils dirent à Meſſieurs les Autheurs Epiques , *qu'ils n'ordonneroient du rang de qui que ce fut , qu'apres que tous les Autheurs auroient parlé:* Alors Meſſieurs de Marolles, Brebeuf, Dablancourt, du Verdier, Charpentier , & tous les autres Traducteurs diſputerent long-temps a qui marcheroit le premier. Apres eux , Meſſieurs les Au theurs Comiques parlerent, excepté Monsieur de Corneille l'aisné, a qui chacun donna sa voix. Il n'en fut pas de mesme du cadet; car plusieurs disputerent contre luy, & entr'autres Monsieur Boyer, qui a l'esprit tout plein de feu, fist le diable à quatre pour passer deuant; mais le cadet Corneille luy respondit assez pertinemment, quoy qu'auec sa froideur & sa modestie ordinaire. L'Autheur de Cassandre, & d'Amalasonthe, firent voir par leurs discours qu'ils n'auoient iamais esté amis. Monsieur de Montauban, auec son eloquence fist tout ce qu'il pût pour l'emporter pardessus les autres, & prouua qu'autrefois ses Pieces auoient esté trouuées admirables : & vn certain nommé Monsieur le Vert, dont les

Pieces ont iadis réuſſi, ne manqua pas de parler à ſon aduan-
tage. Monſieur Gilbert fit voir
en diſputant ſon rang, combien
il auoit d'eſprit. L'Autheur du
Cocu Imaginaire, & celuy des
Ramoneurs , & du Feſtin de
Pierre , tous deux Comediens,
ſe fuſſent battus ſi l'on ne les en
eut empeſchez. Quand tous ces
Meſſieurs les Autheurs Comiques eurent ceſſé de parler : Le
Sieur Hedelin , Abbé Daubi-
gnac dit, *qu'il eſtoit raiſonnable qu'il*
marcha deuant eux ; puis qu'il auoit
fait la Pratique du Theatre. Monſieur de la Menardiere luy diſpu-
ta ce rang , parce qu'il y auoit
auſſi trauaillé ; & Monſieur Menage voyant qu'il auoit trouué
l'occaſion de faire paroiſtre ſon
eſprit, ſe mit à diſputer auec ces
deux ſçauans hommes, leſquels

pour faire enrager le Galand, &
la femme qu'ils auoient pour ju-
ges , se mirent à parler Grec.
Monsieur Boisleau s'y foura aussi , & dit, *qu'estant d'humeur satyri-*
que, ce que Menage ne luy pouuoit disputer , *il deuoit passer de-*
uant eux, & que ce rang luy estoit deub,
à cause que le deffunct s'estoit fort di-
uerty à la satyre. Monsieur Fure-
tiere, comme tres-habille en ce
genre d'escrire , le disputa à
Monsieur Boisleau. Monsieur de
Sorel, Autheur du Francion, &
du Berger extrauagant, dit, *qu'il*
ne leur cederoit pas. Monsieur Me-
seray leur dit aussi , *qu'ils auoient*
bonne grace de vouloir passer deuant
luy , sçachant qu'il faisoit l'Histoire
de France. Ils luy repartirent
aussi-tost , & luy dirent, *qu'ils*
estoient plus sçauans que luy, & que
tous ceux qui estoient là presents : &

que puis qu'ils reprenoient les fautes de
tous les Ouurages , chacun les deuoit
bien reconnoiſtre pour maiſtres. Monſieur Meſeray les abbaiſſa plus
bas qu'ils ne s'eſtoient eſleuez ,
& leur remonſtra que (*difficile eſt
ſatiram non ſcribere*) *& que par ainſi,
ils n'eſtoient pas ſi ſçauans qu'ils ſe
croyent l'eſtre.* Alors Monſieur de
la Serre , repartit à Monſieur
Meſeray , *qu'il deuoit non ſeulement
paſſer deuant luy ; mais encor deuant
tous les autres ; puis qu'il auoit eſcrit
beaucoup plus qu'aucun Autheur: &
que les Liures ne luy auoient iamais
couſté que la peine de les eſcrire ou de
les dicter.* Alors tous ſes Autheurs
qui ne font qu'vne Elegie , &
deux ou trois Sonnets l'année ,
penſerent le faire deuenir ſourd
à force de crier contre luy. Les
faiſeurs de Romans , meſmes s'y
mirent, & Meſſieurs de Scudery,

la Calprenede, Vaumorieres, &
Pelliſſery, le firent tomber d'accord, qu'il n'auoit pas droict de
paſſer deuant eux. Alors Monſieur Cottin voulut prendre par-
ty ; mais chacun luy dit, *qu'il*
eſtoit vn Autheur trop obſcur, & qu'il
ne parloit iamais qu'Enigmatique-
ment. Apres qu'ils eurent tous
parlé, Monſieur l'Abbé de Pure
fiſt ſa harangue auec vne dou-
ceur admirable, & ſçeut ſi bien
plaider ſa cauſe, en diſant, *qu'il*
trauailloit ſur toutes ſortes de matie-
res, qu'il compoſoit des Comedies, Ro-
mans, Sonnets, Stances, Elegies, vers
Latins, & qu'ainſi eſtant vniuerſel,
il deuoit paſſer pardeſſus tous ceux qui
ne s'appliquoient qu'à vne ſorte de
choſe : qu'il s'en falut peu que les
Iuges ne manquaſſent de parole,
en luy donnant le premier rang,
ſans acheuer d'eſcouter les au-

tres , tant il auoit bien l'art de perſuader. Enſuitte Monſieur Magnon leur dit , *qu'il les auoit laiſſé parler tous ; mais qu'il croyoit qu'aucun ne luy deuſt diſputer la premiere place apres le corps ; puis qu'il eſtoit luy ſeul plus ſçauant , que n'eſtoient enſemble tous ceux qui venoient de parler ; & qu'il compoſoit la Science vniuerſelle.* Pluſieurs luy reſpondirent , *qu'ils ne doutoient pas qu'il ne fut habille homme ; mais qu'il falloit voir l'effect de ce qu'il promettoit , auant que de le croire tel qu'il ſe diſoit.* Celuy qui auoit parlé le dernier à Monſieur Magnon, euſt à peine acheué ſon diſcours , que ie vis entrer Monſieur de Benſerade , ſuiuy de cinq ou ſix Abbez de Cour , tous gens à Sonnets & Madrigaux. Tous les Autheurs luy firent de profondes reuerences, les Iuges meſmes ſe leuerent

pour le falüer, & comme la cou-
ftume a de tout temps efté, de
faire bonne mine à ceux qui font
en faueur ; plufieurs luy dirent
qu'il n'auoit que faire de parler
pour obtenir le rang que fon merite luy deuoit donner, & qu'ils
feroient tous rauis de le fuiure.

Comme dans toutes fortes de
profeffions, il fe trouue des gens
qui ne fe foucient guere de la
Cour, il fe trouua quelques Autheurs qui en murmurerent, mais
qui n'efclaterent pas, parce que
leur nombre eftoit trop petit.
Les Abbez ne plaiderent point
leur caufe, parce que les Autheurs n'eurent pas plutoft ceffé
les foûmiffions, qu'ils faifoient
au galand Benferade, que les
Iuges tefmoignerent qu'ils vou-
loient parler. Chacun fift alors
filence, & la femme prit la parole

role (ie croy que les hommes en estoient demeurez d'accord, afin que l'vn d'eux n'eut point d'auantage sur l'autre) quoy qu'il en soit voicy ce qu'elle dit.

Messieurs, i'ay à vous dire que pour vn homme d'esprit, feu Monsieur Scaron s'est bien trompé, quand il a creu que les Autheurs seroient assez raisonnables pour vouloir marcher chacun à leur rang, & selon leurs merites : puis qu'à ce que nous pouuons iuger, selon ce que nous venons d'oüir, les Autheurs qui ne font souuent qu'vn Sonnet, & que quelque Madrigal par an, ne voudroient pas ceder, ny aux Historiens, ny aux Traducteurs, ny mesme à ces Messieurs qui ont composé des Poëmes Epiques. Nous auons mesme remarqué que quelques-vns de ceux qui viennent de parler, ont tesmoigné vouloir passer deuant tous les autres, bien qu'ils ne

fuſſent encor Autheurs qu'en idée; C'eſt
pourquoy iugeant bien de la difficulté
que nous aurions à vous faire obſeruer
les rangs que nous vous pourions donner,
nous auons reſolu, de ne point dire noſtre
penſée là deſſus , & de laiſſer marcher
chacun ſelon l'ordre du hazard. Outre
cette difficulté nous en auons encor vne
autre , qui eſt qu'encore que nous puſ-
ſions regler voſtre marche , il nous ſeroit
bien difficile de prononcer, qui doit marcher deuant des faiſeurs de Poëmes Epiques , ou des Traducteurs , des faiſeurs
de Romans , ou de ceux de Comedies ,
des Hiſtoriens , ou de ces Meſſieurs qui
tirent ſouuent de leur fond , des Ouurages qui pour ne reſſembler en rien à tous
ceux que ie viens de nommer , ne laiſ-
ſent pas d'auoir beaucoup de ſolidité :
c'eſt pourquoy vous voyez qu'outre les
rangs (qu'il faudroit donner à chacun
ſelon les merites) il faudroit encor regler ceux de chaque corps d'Autheurs ;

puis qu'vn meschant Poëte voudroit
passer deuant vn fameux Historien, &
vn habille Traducteur ; parce que, di-
roit-il, il est plus glorieux d'inuenter,
que d'escrire des choses qui sont desia
faites, & de traduire vn Ouurage où
l'on ne met rien du sien. Vn autre dont
les Comedies auroient grand vogue,
voudroit marcher deuant celuy qui auroit fait vn Poëme Epique, qui n'auroit pas réüssi, bien que l'on doiue estre
plus en reputation pour auoir fait vn
Ouurage de cette nature ; (quand mesme il n'auroit pas esté approuué,) que
pour auoir fait vne Comedie, qui auroit eu les applaudissemens de tout le
monde. Il arriueroit la mesme chose à
l'esgard des autres, que ie ne nomme
pas, ce qui fait que nous ordonnons,
qu'il n'y aura aucun rang parmy les
Autheurs, dans la Pompe funebre de
Monsieur Scaron, si ce n'est pour son
successeur.

C ij

Cette Sentence réjoüift ceux
qui ne fe fentoient pas affez de
merite pour marcher des premiers, & ne fafcha les autres que
legerement ; d'autant que leur
efprit ne manqua pas de leur
fournir des raifons pour fe con-
foler.

Apres que i'eus veu tout ce
que ie vous viens de raconter, ie
fortis de la chambre, de mefme
que i'y eftois entré : & comme
ie fus dans la cour, ie rencontray
vn homme affez bien fait , qui
me demanda fi ie voulois aller
auec luy au Temple, où l'on deuoit faire la Pompe funebre de
Monfieur Scaron. Ie luy dis, que
ie ne fçauois pas ou s'eftoit. Il
me refpondit, qu'il le fçauoit
bien, & que fi ie voulois le fuiure, il me feroit voir des chofes
que ie n'auois peut-eftre iamais

veuës. La curiofité fut caufe que
ie le fuiuis. Nous fortifmes hors
de la Ville, & nous fufmes plus
de trois heures à trauerfer des
Campagnes, que ie trouué fort
agreables : ce qui fut caufe que
la longueur du chemin ne m'en-
nuia point : outre que nous nous
entretinfmes pendant tout le
temps que nous marchafmes, des
Ouurages de feu Monfieur Scaron, ce qui nous faifoit rire de
fois à autre, les matieres en
eftants fort diuertiffantes. Enfin
apres auoir marché tout le têps
que ie vous viens de dire, cét hô-
me me fift remarquer vn Temple, qui me parût fort beau, &
dont nous eftions fort proche. Il
me dit, que c'eftoit le Temple
de la Ioye, & que les Dieux
auoient ordonné que Monfieur
Scaron y feroit enterré, pour

recompenfe du plaifir qu'il auoit
donné aux hommes pendant fa
vie, & pour luy faire goufter vne
joye parfaite : ce que fa fanté ne
luy auoit iamais permis. Enfuit-
te, il me fift remarquer, qu'il n'y
auoit que deux chemins qui con-
duifoient à ce Temple, dont l'vn
eftoit tout parfemé de fleurs, &
l'autre tout remply de ronces,
d'efpines, & de pierres, qui for-
moient de petites montagnes,
pardeffus lefquelles il falloit paf-
fer, & dont la defcente eftoit
fort rude. Il me dit encor, que
ce Temple n'auoit que deux portes par où on y pût entrer, &
que chacun de fes chemins abou-
tiffoit à vne. Ie luy demanday,
pourquoy ces chemins eftoient
fi differens ? parce que, me dit-
il, il n'y a que deux fortes de
perfonnes qui vont au Temple

de la Ioye , & ceux qui y vont
par le chemin que vous voyez ſi
difficile, ſe ſont ceux qui ne ſe
réjoüiſſent qu'apres auoir ſouf-
fert beaucoup de peines dans la
vie, & auoir achepté les plaiſirs
par vn long & penible trauail.
Ces montagnes de pierres , que
vous voyez , adjoûta-t'il , dé-
notent les trauerſes que l'on a
auant que d'arriuer à vn eſtabliſ-
ſement ſolide, & qui nous mette
en repos le reſte de noſtre vie. Il
me dit apres , que ceux qui venoient à ce Temple par le chemin de fleurs, eſtoient de Ieunes
eſtourdis , qui paſſoient leurs
temps en deſbauches, & qui deſ-
penſoient tout ce qu'ils auoient,
ſans ſonger qu'ils ne pouroient
retrouuer vn iour ce qu'ils a-
uoient deſpenſé. Il me dit encore , que quand ceux-là eſtoient

entrez dans ce Temple par le
chemin de fleurs , ils eſtoient
obligez d’en ſortir , par celuy
qui eſtoit plein d’eſpines : au lieu
que ceux qui eſtoient entrez par
celuy qui eſtoit ſi difficile , n’en
ſortoient iamais. En tenant ces
diſcours , nous nous trouuaſmes
inſenſiblemēt auprés de ce Temple. Sur l’vne des portes , il y
auoit vne ſtatuë de *Democrite* , &
ſur l’autre , vne du Poëte *Phi-
liſtion* , qui comme vous ſçauez,
mourut de rire. Entre ces deux
portes, il y en auoit vne troiſieſ-
me, au deſſus de laquelle eſtoit
vn Tableau, où ce Temple eſtoit
dépeint, & que l’on ne mettoit
qu’aux iours de ceremonie, afin
de faire connoiſtre à ceux qui
venoient pour y aſſiſter , quel
chemin ils deuoient tenir, s’ils
pretendoient vn iour y eſtre re-

ceus : & pour cét effect, l'on y
voyoit entrer par la porte du
chemin de fleurs, de ieunes gens
qui paroissoient enjoüez, & qui
estoient tous habillez à la mode:
& par celle du chemin d'espines,
des gens desia sur l'aage, qui
auoient fait fortune par l'espée;
Comme Mareschaux de France,
Gouuerneurs de Villes, & d'autres qui auoient la mine de Fi-
nanciers. Les premiers suiuoient
à demy les modes presentes de la
Cour, & les derniers estoient
vestus de noir, & n'auoient que
du linge vny. Ils estoient suiuis
par quelques Autheurs, qui
auoient fait fortune par leurs
Ouurages ; mais le nombre en
estoit petit. Ie demandé à celuy
qui m'auoit amené, à quoy seruoit cette porte là ? puis que l'on
n'entroit que par les deux au-

tres. Il me dit, qu’elle ne s’ouuroit que quand il se faisoit quelque ceremonie, & que l’on l’ou-
uriroit, quand on apporteroit le
Corps de Monsieur Scaron. Ie
luy demanday encore vne fois,
pourquoy elle ne s’ouuroit pas
d’ordinaire ? & il me respondit,
que c’estoit, parce que la ioye
pour estre parfaite, ne deuoit
point auoir de milieu. Apres
tous ces discours, nous entras-
mes dans le Temple. Il estoit
tendu de chaque costé de deux
lez de drap couleur d’oliue ; parce que c’est vne couleur pacifi-
que, & qu’il n’entre iamais de
deüil dans ce Temple. Ces deux
lez estoient remplis d’escussons,
sur lesquels au lieu d’armoiries,
l’on voyoit les choses les plus remarquables du Roman Comi-
que du deffunct.

Le costé droit, contenoit celles du premier volume , qui
sont,

Le Comedien Destin , representant
Herode , assis sur vn matelas, auec vn
corbillon sur sa teste , qui luy seruoit de
couronne.

La Rancune , se battant de nuit
contre vne chévre , croyant que se fut
sa femme , & en receuant force coups
de cornes.

Ragotin , a qui l'on couppoit le
dessus de son chappeau ; parce qu'il
estoit trop enfoncé dans sa teste.

Le Combat de nui't , de plusieurs
personnes en chemise , ou Ragotin fut
mordu à la cuisse par l'Hôtesse.

La Description du brancard ; &

du pot de chambre de cuiure.

La Serenade de l'Exodiat, auec vn Cabinet d'Orgues, sur vn ais, soûtenu par deux tresteaux, au milieu de la ruë.

L'auanture du sac de bled sur la montée.

L'entrée d'Orleans.

Ragotin, sur son cheual, dessanglé, & son mousqueton entre ses iambes.

L'on voyoit sur les escussons de la tenture du costé gauche.

La Rancune, dans vn lit, auec les bottes, & les esperons qu'il auoit volez.

Le

Le combat des Yurongnes , contre les Comediens , quand ils furent pris pour des Boesmiens.

L'Hosteliere , qui alloit nuds pieds , qui tenoit ses souliers d'vne main , & qui menoit de l'autre son cheual deferré ; & son mary , qui le chassoit, & qui alloit aussi nuds pieds , tenant ses souliers.

L'orage des coups de poings , apres l'auanture du corps mort.

Ragotin, la teste dans le coffre.

Ragotin, les deux pieds dans le pot de chambre.

Le Destin, a table, ayant toute la viande du souper sur son assiette , qui faisoit vne piramide plus haute que luy.

D

Le fou , qui couppoit les bottes de Ragotin , cependant qu'il dormoit.

Ragotin , les mains liées , le nez dans le bourbier , & la charette sur luy renuersée.

Ragotin , nud , dans vn iardin , les mains liées, faisant tomber vne ruche , dont toutes les mouches se jettoient sur luy , cependant qu'vn chien le mordoit.

Tous les bans de la Comedie , tombez sur Ragotin , qui auoit la teste dans l'esgou du Ieu de paulme.

Le Belier , se joüant auec Ragotin , & luy donnant force coups de cornes.

A vingt pas de l'Hostel, à costé droit , estoit le Tombeau que

l'on auoit esleué à Monsieur
Scaron. Il estoit porté sur les es-
paules, de six Poëtes anciens,
faits de marbre blanc, qui tous
ont esté satyriques, & qui sont
Eupolis, *Iuuenal*, *Lucilius*, *Horace*,
Martial, & *Perce*. Ie les reconnus tous pour ceux que ie vous
viens de nommer ; parce qu'ils
auoient chacun vne inscription
au dessus de leur teste. Scaron
estoit representé en marbre, au
dessus de ce Tombeau, & estoit
dans sa chaise de mesme qu'il
estoit en ce monde. Appollon
luy mettoit vne Couronne sur la
teste. Il y auoit sur les quatre
coins du mesme Tombeau, quatre Poëtes Comiques, à sçauoir
Anaxilas, *Anaxippe*, *Anaxandride*,
& *Næuius*. A l'vn des costez de
la Chaise de Scaron, l'on voyoit
Aristophane, qui est le Poëte qu'il

a le plus imité : & de l'autre l'on voyoit *Plaute*. La graueure qui estoit tout autour du Tombeau, representoit le combat des Parques, & des Poëtes, composé par Monsieur Scaron. Il y auoit plusieurs Niches, tout au long de la muraille du Temple ; contre laquelle estoit esleué le Mausolée, où l'on voyoit les statuës de *Rabelais*, *Marot*, *Renier*, *Douuille*, *& Mainard*, & autres de ceux qui ont esté iadis de bonne humeur. L'Autel de ce Temple estoit basty à l'antique, la joye ayant regné de tout temps ; mais ce que i'y trouué d'admirable, ce fut vn Tableau d'vne prodigieuse grandeur, au milieu duquel la joye estoit dépeinte sous la figure d'vne femme ; qui quoy qu'elle parut aagée, ne laissoit pas que d'estre capable d'inspirer de l'amour. L'on voyoit à l'vn de ses costez tous les plaisirs dépeints, qui estoient represen-tez, comme l'on a de coustume, par la *Mascarade, la Comedie, la Chasse, la Pesche, la Paulme, l'amour, & la bône chere.* A l'autre costé d'elle, paroissoit vne foule de monde incroyable de toutes sortes d'estats, d'aages, & de sexes, qu'elle inuitoit à prendre ces plaisirs.

Apres que nous eusmes atten-tiuement consideré toutes ces choses, nous vismes ouurir la porte du milieu du Temple, & peu de temps apres venir le corps de Monsieur Scaron, auec-que toute la Pompe que ie vous vais d'escrire.

Premierement, nous vismes entrer trente-six Colporteurs des mieux faits ; parce que l'on les auoit choisis parmy beaucoup d'autres de leurs compagnons , ils portoient tous des torches garnies d'Escussons, sur lesquels estoient dépeints tous les incidens les plus remarquables de la precaution inutile , & des autres Histoires de cette nature , faites par feu Monsieur Scaron. L'on voyoit en suitte, douze portiers de Comedie, qui pour élargir le chemin de la marche, faisoient renger le peuple, dont l'affluence estoit tout à fait grande. Venoient apres quatre Libraires, de ceux qui auoiēt coustume de crier dans le Palais les œuures du deffunct. Ils representoient effectiuement des crieurs , & pour cét effect ils auoient des habillemens semblables à ceux que ses Messieurs ont coustume de porter; ils tenoient

chacun vne fonnette, & auoient
fur le deuant & fur le derriere
de leurs Corcelets, toutes les fi-
gures qui font au deuant du vir-
gille trauefty, de l'Autheur dont
ils affiftoient à la Pompe funebre. Ils eftoient fuiuis de Mef-
fieurs les Comediens de l'Ho-
ftel de Bourgogne, qui portoient des flambeaux de cire
blanche, pareillement ornez
d'Efcuffons, où eftoient auffi
dépeints tous les incidens ferieux de fes Comedies. Mef-
fieurs les Comediens du Marais,
& ceux de MONSIEVR, les fuiuoient de prés; & l'on remarquoit fur les Ecuffons qui eftoiēt
attachez aux flambeaux qu'ils
portoiēt, toutes les poftures des
Scenes les plus rifibles de Car-
magnolle, de Iodelet Duelifte,
de Iodelet fouffleté, de Dom

Iaphet d'Armenie , des Gene-
reux Ennemis, de Philipin Prin-
ce, & du Marquis de la Victoire.

Apres que tous ces gens là furent entrez dans le Temple , le
Chariot où estoit le corps de
Monsieur Scaron, s'arresta à la
porte. L'on remarquoit sur les
housses des six cheuaux , toutes
les choses les plus considerables
de la Gigantomachie , comme

*Thiphon , joüant aux quilles auec ses
freres.*

*Thiphon , jettant les quilles iusques
dans le Ciel , & brisant les veres & le
buffet de Iupiter.*

*Mercure , haranguant Thiphon
deuant le bucher.*

Thiphon , & tous ses Compagnons

estendus comme des veaux aprés s'estre
soüillez.

Le Conseil des Dieux.

Le combat d'Encelade & de Mi-
mas, à la fenestre du Ciel.

L'asne de Silenne brayant & les geans
prenans la fuitte.

Iupiter, receuant des chiquenaudes
de Thiphon.

Tous les Dieux transformez en bestes
s'enfuyant par dedans des bleds.

Mercure, en Cigogne, prenant l'ha-
bit d'vn pescheur de Corail & s'enfuyant.

Les accolades d'Hercule, & de tous
les Dieux, dans vne des ruës de Mem-
phis.

Thiphon, sortant de son lit en cal-
leçon, tout effrayé d'vn coup de ton-
nerre.

Thiphon, tenant Iupiter sous luy,
& luy donnant des craquignolles.

Et sur tout le poil qui couuroit
le Chariot, l'on voyoit *la deffait-*
te de Thiphon.

Les quatre coins du Poil,
estoient portez par quatre Imprimeurs.
Vous trouuerez bon, que ie laiſ-
se quelque temps ce Chariot à
la porte du Temple, pour vous
dire par qui le corps de Monsieur Scaron fut reçeu. MOMVS,
à ce que me dit celuy qui m'a-
uoit amené, auoit esté deputé
de la part de tous les Dieux pour
le receuoir.

MOMVS donc, parût à la porte auec vn viſage fort guay ; il eſtoit ſuiuy d'vne trouppe de gens, qui ont touſiours preſque couſtume de l'accompagner ; ils eſtoient la pluſpart maſquez, & veſtus aſſez bizarrement ; Ils auoient preſque tous des grelots aux jambes, & la pluſpart d'entr'eux, auoient des giroüettes ſur leurs teſtes. Momus, auoit commandé à vne douzaine de ces gens là, d'oſter le corps de Monſieur Scaron du chariot où il eſtoit, ce qu'ils firent auecque beaucoup de peine ; parce que, ſa bierre, eſtoit de la fonte dequoy l'on fait les caracteres d'Imprimerie. Celuy auec qui i'eſtois, me dit, que la Barona- de, *eſtoit dedans, & que Mon- ſieur Scaron, auoit voulu qu'elle fut enſeuelie auec luy ; afin

qu’il n’en fut iamais parlé. Ces
douze hommes, le porterent iufques au milieu du Temple , &
Momus marchoit deuant , auec
vn Encenfoir , duquel il fortoit
au lieu de la fumée ordinaire,
des petits papiers pliez en pou-
lets (que chacun auoit liberté
de ramaffer) & dans lefquels, on
trouuoit des vers à la loüange de
cét Autheur , faits en toutes fortes de langues. Quelques-vns
s’efcrioient, que c’eftoit là la ve-
ritable maniere d’encenfer; mais
pour moy ie trouuay que les vers
n’eftoient pas plus folides que la
vapeur de l’encens , & ne ren-
doient pas vn homme plus heureux. Mais retournons fi vous
plaift à la porte, pour voir ceux
qui fuiuoient le corps.

Apres que ceux qui accompa-
gnoient MOMVS , l’eurent ofté
du

du chariot , le fuccefleur dont
nous auons defia parlé, defcen-
dit d'vne mulle , fur laquelle il
eſtoit venu. Sa queuë eſtoit por-
tée par quatre garçons Libraires , & il eſtoit enuironné de
douze autres, qui empefchoient
que la grande foule d'Autheurs,
qui fuiuoient ne l'incommodaſt.

La plufpart de ces Autheurs
eſtoient ceux dont ie vous ay
parlé tantoſt, & de qui l'on n'a-
uoit point reglé les rangs. Ils
eſtoient accompagnez du docte
Peliſſon , de l'Epigramatiſte
Gombaud, des Philofophes Lef-
clache , du Roure , Riche-four-
ce, Bary , Defcartes , Sorbiere ,
de l'enjoüé de Marigny , du Ma-
drigaliſte Montreüil , du fier
Marcaſſus , du fçauant la Motte-
le-Vayer, de l'Hiſtoiren de Pra-
de, des Sieurs de Chapufot, du

E

Pin, Conrat, Audin, Petit, Bardou, & Somaife, du ferieux Gomberuille, du moral Chevreau, du feuere Bouchardeau, & du galantiffime de Lignieres, du Caualier Salbret, de l'Autheur du nouueau Poëme de Dauid, du Rotomageois, Cocto, des ingenieux Perot, autheur du Dialogue de l'amour & de l'amitié, & Iffare autheur de la Piftolle parlante, de l'habille Caffagne, de l'Italien Amalthée, du Sieur Efprit, & du Fauory des Dames, Saint Gabriel, du Pere Yue, Autheur de la Ienfenie, des Reuerends Poëtes Carneau, du Bofc, Membrun, & le Breton, des Sieurs Lambert, du Teil, Pelletier, & Colletet, des demis-Autheurs Iacob & Lucas, des galands Abbez Dubuiffon, du Pille, Baraly, Francheuille,

d'Yngitnom , & de Ledignan.
Parmy tous ces Meſſieurs , il y
auoit encore vn grand nombre
de gens de qualité qui ſe meſlent
de faire des vers , leſquels toute-
fois ne ſont pas encor reputez
pour Poëtes ; enfin il n'y auoit
pas meſme iuſques au petit de
Beau-chaſteau , & de Lesfargue,
dont vous auez tant oüy parler ,
qui ne vouluſſent aſſiſter à cette
Pompe funebre.

Tous ces Autheurs eſtoient
ſuiuis de trente Compagnons
d'Imprimerie, pour prendre gar-
de que les mauuais Poëtes , & les
Autheurs non imprimez , dont
la foule eſtoit extraordinaire, ne
les incommodaſſent : & pour cét
effect , ils ſe ſaiſirent de la porte
du Temple , & ne laiſſerent entrer perſonne apres ces Meſſieurs , dont les noms ſont cy-

deſſus. Mais ce qui me donna le
plus de diuertiſſement, ce fut de
voir, qu'à meſure que tous ces
Autheurs entroiẽt dans le Temple, ils ſe mettoient à rire, & à
ſauter, en deſpit qu'ils en euſ-
ſent, & i'eus le plaiſir de voir rire, & dancer des gens qui n'en
auoient iamais tant fait en toute
leur vie. Enfin apres que tout le
monde euſt ry, & ſauté, plus
d'vne demie heure, on commen-
ça l'Oraiſon funebre, qui fut
faite par Monſieur Boiſleau.
Vous vous eſtonnerez, peut-
eſtre, qu'vn ennemy de feu
Monſieur Scaron, ait fait ſon
Oraiſon funebre, mais c'eſt vne
choſe qu'il auoit briguée, afin
de luy faire reparation d'hõneur
apres ſa mort; & en effect, il
charma toute l'Aſſemblée, & fit
voir que le deffunct auoit eſté le

plus galand, & le plus agreable
homme de son siecle, & finit son
discours, en faisant voir, que l'on
ne deuoit plus inuoquer que luy,
dans le commencement des Ouurages burlesques.

Dés que Monsieur Boisleau
eut acheué, ie vis le faiste du
Temple s'éleuer à perte de veuë,
les murailles se reculer, & tous
les flambeaux dont ie vous ay
desia parlé, s'eslancer dans les
airs, & faire le mesme effect des
fusées volantes. Le bruit qu'elles firent me réueilla en sursaut,
& ie connûs, que ce bruit ne ve-
noit que de quelques gens qui
frappoient à ma porte, & que
les murailles de ce Temple, qui
se reculoient, n'estoient que les
rideaux de mon lit, que tiroient
quelques-vns de mes amis, afin
de m'esueiller : ce qui me fit iu-

ger que l'on ne pouuoit trouuer
vn Temple de la Ioye en ce monde, puis qu'à moins que d'eſtre
fol, l'on y en pouuoit ſentir de
parfaite ; & que s'il y en deuoit
auoir, c'eſtoit dans le temps où
l'on n'en pouuoit gouſter, puiſque c'eſtoit en dormant.

Voila tout ce que le Dieu des
Songes me fiſt voir. Ie ſçay bien
qu'il y a quantité de choſes ridi-
cules ; mais vous n'ignorez pas
qu'vn Songe eſt touſiours remply de choſes extrauagantes &
hors de la vraye-ſemblance. Ce
que i'ay trouué de plus remar-
quable dans mon Songe, c'eſt
que ie vis dans cette Pompe,
d'vne maniere fort diuertiſſan-
te, tous les Ouurages qu'il a
compoſez. Deplus, i'admiray la
prudence de ceux qui n'auoient
point voulu regler le rang des

Autheurs, afin de leur oster tout
lieu de se plaindre ; & ie connus
enfin, par le choix que Monsieur
Scaron, auoit fait d'vn successeur, qu'il auoit autant de prudence que d'esprit ; puis qu'à
parler sincerement, Monsieur
de Bois-Robert, est le plus ac-
comply, & le plus galand de tous
les hommes.

Mandez-moy, ce que vous
pensez de mon songe, & si vous
ne me prendrez pas d'oresnauãt
pour vn grand resueur.

FIN.

LE LIBRAIRE
au Lecteur.

LES Autheurs qui sont
icy nommez, doiuent,
bien loins de s'offencer, sçauoir bon gré à l'Autheur de
cette Pompe funebre, puis
qu'au lieu de les offencer, il a
pretendu faire voir que se
font les plus illustres personnes de ce siecle.

LE LIBRAIRE
au Lecteur.

Les Lecteurs sont priez de ietter icy les yeux s'ils ont de la curiosité.

MEssievrs, Vous serez bien aises que ie vous auertisse qu'il m'est tombé entre les mains deux Comedies, dont vous n'auez peut-estre pas encor oüy parler, à cause qu'elles n'ont pas esté joüées à Paris, quoy qu'elles l'ayent esté dans toutes les Villes de France. L'vne est la Cocuë Imaginaire, qui peut seruir de regard au Cocu Imaginaire, de l'illustre Monsieur de Molier, puisque l'on voit dans l'vne toutes les raisons qu'vn homme à de se plaindre d'vne femme infidelle, & dans l'autre, celles qu'vne femme a de se plaindre d'vn homme qui luy manque de foy; ce qui vous diuertira beaucoup lors que vous les confronterez; c'est pourquoy ie vous conseille de ne pas achepter l'vne sans l'autre, afin d'auoir le

mary & la femme. La feconde eft intitu-
lée le Procez des Pretieufes, où dans les
Harangues qui s'y font pour & contre
le langage Pretieux , on connoiftra à
fonds ce que c'eft que Pretieux & Pre-
tieufe, ce que peu de gens connoiffent,
quoy que l'on en parle de puis long-
temps. Il faut puifque i'ay commencé de
vous entretenir, que ie vous die encor
vn mot , qui eft que pour fatisfaire à
quantité de perfonnes , i'ay fait adiou-
fter au Dictionnaire des Pretieufes plufieurs mots nouuellement inuentez dans
les plus belles Ruelles de Paris. Vous
trouuerez toutes ces galantes nouueau-
tez, & beaucoup d'autres encor en ma
Boutique , au Quay des Auguftins , à
l'Image Saint Loüis , où ie vous attends.
Adieu.

LOVIS par la grace de Dieu, Roy de France & de Nauarre, A nos amez & feaux Conseillers les Gens tenans nos Cours de Parlement, Preuost de Paris ou son Lieutenant, & à tous autres nos Officiers qu'il appartiendra, Salut. Nostre cher & bien aimé Iean Ribou, Marchand Libraire de nostre bonne ville de Paris, Nous a fait remontrer qu'il desireroit faire imprimer & mettre en public, vn Liure intitulé *La Pompe funebre de Monsieur Scaron*, s'il nous plaisoit luy accorder nos Lettres sur ce necessaires; A CES CAVSES, Nous auons permis & permettõs par ces presentes à l'Exposant, d'imprimer ou faire imprimer, védre & debiter en tous lieux de nostre obeïs-

sance ledit Liure en tels caracteres,& autant de fois qu'il voudra
durāt cinq ans entiers & accom-
plis; à compter du iour que ledit
Liure sera acheué d'imprimer
pour la premiere fois; Et faisons
tres-expresses deffenses à toutes
personnes de quelque qualité &
condition qu'elles soient, de l'imprimer ou faire imprimer, ven-
dre ny debiter en aucun lieu de
noſtre obeïſſance, sous pretexte
d'augmentation, corrections,
changemens de tiltre, fausse
marque, ou autrement en quelque sorte & maniere que ce soit,
sans le consentement de l'Exposant, ou de ceux qui auront
droict de luy, à peine de quinze
cens liures d'amende, payable
par chacun des contreuenans, &
applicable moitié à Nous, &
l'autre au grand Hospital, &
confiscation des Exemplaires

contrefaits , & tous defpens ,
dommages & interefts , à condition qu'il fera mis deux Exemplaires dudit Liure dans noftre
Biblioteque publique, & vne en
celle de noftre cher & ·feal le
Sieur Seguier Cheualier, Chan-
celier de France, à peine de nul-
lité des prefentes , duquel Nous
voulons que vous faffiez jouyr
plainement & paifiblement l'Ex-
pofant, ou ceux qui auront droiȼ
de luy , empefchant qu'il ne leur
foit donné aucun empefchement.
Voulons auffi en mettant au
commencement ou à la fin dudit
Liure vn extraiȼ des prefentes ,
elle foit tenuë pour deuëment fi-
gnifiée, foy y foit adiouftée, &
aux Coppies collationnées , par
l'vn de nos amez & feaux Con-
feiller & Secretaire comme à l'O-
riginal ; Mandons au premier

noſtre Huiſſier ou Sergent ſur
ce requis, de faire pour l'execu-
tion d'icelle tous Exploits neceſ-
ſaires, ſans demander autre per-
miſſion CAR tel eſt noſtre plaiſir,
nonobſtant clameur de Haros,
Chartre Normande, & autres
Lettres à ce contraires. DONNE'
à Paris le 14. iour d'Octobre
l'an de grace mil ſix cens ſoi-
xante. Et de noſtre regne le dix-
huictieſme. Par le Conſeil du
Roy, DE FAYES ; Et ſcellé du
Sceau de cire jaune ſur ſimple
queuë.

*Regiſtré ſur le Liure de la Communauté
des Libraires & Imprimeurs, ſuiuant l'Ar-
reſt de la Cour de Parlement.*

Signé IOSSE, Syndic.

Acheué d'imprimer le quatrieſme
Nouembre 1660.

Les Exemplaires ont eſté fournis.